NO, NO PIENSES
EN UN CONEJO BLANCO

NO, NO PIENSES
EN UN CONEJO BLANCO
Literatura, dinero, tiempo, influencia, falsificación, crítica, futuro

Patricio Pron

Original copyright 2022 © Consejo Superior de Investigaciones Científicas and Patricio Pron. De las imágenes: reproducidas bajo licencia CC BY-NC 2.0. All rights reserved for this edition copyright © 2025 Editorial A Contracorriente.

ISBN: 978-1-4696-9287-6 (paperback)

This is a publication of the Department of World Languages and Literatures at North Carolina State University. For more information visit http://go.ncsu.edu/editorialacc. This edition available only in the United States. Published by the permission of the Consejo Superior de Investigaciones Científicas.

Distributed by the University of North Carolina Press
www.uncpress.org

«Dios mío! ¡Dios mío! ¡Voy a llegar tarde!», exclama el Conejo Blanco y extrae un reloj del bolsillo, lo observa por un instante, echa a correr. Un siglo y medio después de que comenzase a hacerlo —en cierto libro publicado en 1865 cuyo título es *Las aventuras de Alicia en el país de las maravillas*—, no mucho parece haber cambiado, excepto en un aspecto fundamental: ahora, quienes corremos somos nosotros.

§

«Inventar el navío es ya inventar el náufrago; inventar la máquina de vapor y la locomotora es, además, inventar el descarrilamiento y la catástrofe ferroviaria», observó sagazmente Paul Virilio. Para el filósofo francés, las innovaciones introducidas en el marco de la Revolución Industrial —«el descubrimiento hecho al mismo tiempo por todos los hombres ricos de Inglaterra de que niños y mujeres podían trabajar en sus fábricas veinticinco horas al día sin que murieran en exceso», según W. C. Sellar y R. J. Yeatman— contribuyeron a una aceleración de los intercambios no solo materiales entre las personas.

Bajo «da ilusión de una velocidad liberadora», lo que esta produjo fue una rearticulación de la relación entre poder, riqueza y —podríamos agregar— valor. En las promesas de la Revolución —más, antes, para más personas, más rápido, más barato— permanecía agazapado el accidente: la migración del campo a la ciudad; la transformación del campesino en proletario y el consiguiente aumento de la conflictividad social, el de la desigualdad; la carrera armamentística; la sustitución de lo político por las fuerzas del mercado; el estado de excepción permanente; la volatilidad de las fronteras; la transformación del conflicto local en problema global; el agotamiento de los recursos naturales; la desaparición de numerosas prácticas y oficios; la precarización laboral; el desempleo; el desplazamiento de la producción a los países periféricos, la pervivencia en ellos del trabajo infantil y el trabajo esclavo; el adelgazamiento de la credibilidad periodística motivado por la imposibilidad de chequear una información y al mismo tiempo «darla antes» que la competencia; los «hechos alternativos»; la exacerbación de los sentimientos en la opinión pública y la conformación del juicio político; los fascismos.

Para Virilio, los cambios introducidos por las nuevas tecnologías en nuestros hábitos de trabajo y de interacción con otros, en nuestras formas de desplazarnos y aun en nuestra percepción de lo real, nos han puesto ya en una situación de «velocidad absoluta». «Hoy en día,

[ya] hemos puesto en práctica los tres atributos de lo divino: la ubicuidad, la instantaneidad y la inmediatez; la visión total y el poder total. Los multimedia nos enfrentan a un problema: ¿podremos encontrar una democracia del tiempo real, del *live*, de la inmediatez y de la ubicuidad? No lo creo, y aquellos que se apresuran a afirmarlo no son muy serios», afirma.

§

No todos están de acuerdo con este diagnóstico, sin embargo; surgido en la década de 1990, y bautizado con un término inventado por el escritor de ciencia ficción Roger Zelazny en 1967, un grupo de intelectuales británicos que se hacen llamar *aceleracionistas* ha concitado el interés de la prensa *alt-right* al sostener hace poco tiempo que el problema no es que vayamos muy deprisa, sino que lo hacemos demasiado lento. Como escriben Robin Mackay y Armen Avanessian en su prólogo a *#Accelerate: The Accelerationist Reader* (2014), para los integrantes del grupo, la innovación tecnológica y el capitalismo en su variante más agresiva deben ser acelerados en favor de una optimización de la especie humana; para ello proponen una mayor automatización de la economía, la desregulación de los mercados y la supresión de estructuras gubernamentales obsoletas y supuestamente impotentes frente al avance tecnológico,[1] el desdibujamiento de los límites entre lo real y la virtualidad electrónica, y la integración de hombre y máquina mediante la implantación de *gadgets* informáticos en el cuerpo y la migración a espacios virtuales tridimensionales del tipo del metaverso.

Pero el reclamo por parte de los aceleracionistas de incrementar la velocidad con la que se avanzaría hacia una supuesta *optimización* del ser humano no es nuevo, y alcanza incluso nuestros hábitos de lectura. La década de 1950 —que vio romper la barrera del sonido, celebró la carrera armamentística y disfrutó de la aceleración del *blues* y su transformación en *rock and roll,* entre otros epifenómenos del deseo de que todo sucediera más rápidamente— asistió también al surgimiento

---

[1] Una contradicción, naturalmente: si el «avance tecnológico» y sus efectos en la economía son inevitables, no requieren ser promovidos a través de una propuesta filosófica; si necesitan de ella es porque no son inevitables, caso en el cual la propuesta es errónea.

de la así denominada *lectura veloz*, un conjunto de técnicas que una maestra estadounidense llamada Evelyn Wood comenzó a desarrollar en 1957 cuando descubrió que conseguía leer más rápido si se ayudaba deslizando un dedo sobre el texto. Wood aseguraba poder conseguir que sus alumnos pasaran de leer doscientas cincuenta o trescientas palabras por minuto, la ratio más habitual en un adulto según los expertos, a hacerlo a una velocidad de mil quinientas a seis mil palabras en ese mismo periodo de tiempo.

Y muchas personas le creyeron: al fundar el primero de sus institutos de enseñanza en Washington, en 1959, Wood tocó el nervio de su época, que se enfrentaba a más y más cantidades de información escrita sin haber desarrollado todavía las tecnologías que permitirían su indexación, procesamiento y archivo en las décadas siguientes; cuando, algunos años después, John F. Kennedy reconoció que él también practicaba la «lectura veloz», todo Estados Unidos se puso a imitarlo, y desde entonces el fenómeno no ha hecho más que crecer.

§

«¿Por qué los relojes no pueden guardar secretos? Porque el tiempo siempre lo dirá», asegura el chiste. Algo más de medio siglo después de que Wood adquiriese notoriedad y una considerable fortuna prometiendo a sus clientes que era posible leer más y más rápido, no solo no hemos ganado la batalla contra el tiempo, sino que, por el contrario, hemos estado perdiéndola miserablemente, ya que, mientras que nuestra velocidad de lectura no aumentó de manera considerable, la producción de textos creció de forma meteórica. Nadie ha hablado mejor sobre esto que el mexicano Gabriel Zaid, quien en *Los demasiados libros* (1972 y ss.) alerta acerca de la desproporción evidente entre el crecimiento del número de títulos y el de lectores. «En medio siglo (de

1950 a 2000), la población mundial creció al 1,8% anual y la publicación mundial de libros al 2,8%», escribe. «La humanidad publica un libro cada medio minuto. [...] Si alguien lee un libro diario (cinco a la semana), deja de leer 4.000 publicados el mismo día. Sus libros no leídos aumentan 4.000 veces más que sus libros leídos. Su incultura, 4.000 veces más que su cultura.» «¡Tantos libros! ¡Y tan poco tiempo!», se lamentaba el académico estadounidense John Henry Wright en 1891, recuerda Zaid; antes de él, los críticos del exceso de títulos habían sido Séneca, Martín Lutero, Miguel de Cervantes y Samuel Johnson. «Si, en el momento de sentarse a leer, se suspendiera la publicación de libros, [un lector] necesitaría 300.000 años para leer los ya publicados. Si se limitara a leer la lista de autores y títulos, necesitaría casi veinte años», apunta.

§

Desde luego, las cosas no han mejorado visiblemente desde la publicación de *Los demasiados libros:* «la ilusión de una velocidad liberadora» y una pérdida considerable de prestigio por parte de la literatura —de la que esa velocidad es tanto causa como consecuencia y ha supuesto una reducción de las ventas y, por consiguiente, de los ingresos de los escritores—[2] han provocado, por el contrario, una multiplicación exponencial de los títulos publicados. Según datos de la Federación de Gremios de Editores de España (FGEE), por ejemplo, la industria editorial de ese país publicó en 2019 82 347 títulos (sin contar autoeditados, ¡!), un 8,04 % más que diez años atrás, en 2009 (76 213); lo hizo en un número inferior de ejemplares (229 515 al año, un 30,41 % menos que en 2009, cuando se produjeron 329 830) y con una tirada media inferior: 3779 ejemplares por título, un 12,68 % menos que en 2009, cuando

---

[2] La relación entre los escritores y el dinero siempre ha sido problemática, en no menor medida debido a que, a falta de una instancia objetiva que determine el valor de lo que escriben, algunos han utilizado y utilizan el dinero que perciben por su trabajo y el número de ejemplares que supuestamente venden sus libros como referencia. En su biografía de William Faulkner de 2005, Jay Parini observa, acertadamente, que «muy raras veces el dinero es sólo dinero. La obsesión con él, que parece haber esclavizado a Faulkner a lo largo de su vida, puede ser vista como una medida de sus sensaciones de estabilidad, valor, sujeción en el mundo [...], una forma de calibrar su reputación, su poder, su realidad». (Para más acerca del tema, véanse Manguel y el artículo «Escritores urgidos de dinero» en la bibliografía.)

era de 4328 ejemplares. De acuerdo con estos datos —los últimos publicados hasta la fecha—, los «títulos vivos en oferta» alcanzaban ya en 2015 los 586 811, mientras que en 2009 eran 414 727, lo que significa un incremento del 41,49 % en menos de diez años.

© instagram @rkkrk

La retracción de las ventas a partir de 2008[3] ha tenido como resultado la aceleración de tendencias bien conocidas no solo por editores y autores: la concentración editorial —una empresa adquiere a su competidora en horas bajas para hacerse con su cuota de mercado y sus títulos más populares—; el cierre de numerosos proyectos editoriales y la pérdida consiguiente de diversidad en ese ámbito; la reducción de los ingresos de los traductores, los correctores, los autores, los diseñadores y los editores *free lance*, y la normalización del aumento de horas de trabajo y de la presión ejercida sobre quienes se desempeñan dentro y fuera de las casas editoriales; el incremento de la publicación de libros concebidos exclusivamente con una finalidad comercial y la subsiguiente pérdida de calidad y de valor de lo que se edita, y el aumento del número de títulos publicados en tiradas más y más reducidas (véase arriba).

---

[3] Un 30%, según algunas fuentes. La pandemia y el confinamiento han supuesto un aumento considerable de las ventas, especialmente las de fondo; pero la recuperación está lejos de ponerse de manifiesto en todos los ámbitos del negocio editorial. (Véase Echevarría en la bibliografía.)

Este último tiene como consecuencia, a su vez, un volumen tan grande de publicaciones que la prensa cultural —empantanada desde hace años en una doble crisis, la de resultados y la de propósito, esta última vinculada con una política que fomenta el clic en detrimento de la producción de pensamiento crítico— no es capaz de reflejar, las librerías no pueden exhibir y el lector no llega a conocer.

Mientras las editoriales más importantes piensan en nuevos *productos* —libros electrónicos, *podcasts,* audiolibros—, el que constituye su principal fuente de ingresos, el libro físico, es descuidado tanto por ellas como por ciertos escritores, quienes, para compensar la disminución de sus ingresos en concepto de derechos de autor, publican tres y hasta cuatro libros al año, en especial en España. Como observó James Gleick, presidente de la Authors Guild estadounidense, «cuando empobreces a los escritores de un país, también empobreces a sus lectores [ya que] los libros de calidad requieren a menudo un tiempo y un trabajo de investigación que no pueden ser llevados a cabo si el autor necesita además dar clases y conferencias para llegar a fin de mes».[4]

---

[4] Una vez más, el problema no es tanto la subsistencia de los escritores —o no solo de ellos—, sino la de toda una cultura que solía ver en la literatura un vehículo privilegiado para acceder a un conocimiento específico del mundo. El proyecto personal, no de hacerse rico, sino de mantenerse a flote mientras se produce una obra que —idealmente— se sostenga en la comparación con los grandes textos del pasado, y la aspiración a disfrutar de una literatura por fin plural y diversificada tropiezan con la imposibilidad de disponer de textos cuyos autores no puedan sostenerse económicamente; es decir, en algún sentido, de las voces que más necesitamos escuchar para comprender el modo en el que vivimos.

§

Unos años atrás, el escritor Lincoln Michel publicó en la revista electrónica estadounidense *Electric Literature* una infografía cuyo tema era cuánto se tarda en leer determinados libros: a partir del cálculo de que una persona lee aproximadamente trescientas palabras por minuto, Michel establecía que la lectura de *Antígona*, de Sófocles, le demandaría algo menos de una hora (0,61); *El zoo de cristal*, de Tennessee Williams, 1,15; *El gran Gatsby*, de Francis Scott Fitzgerald, 2,62; *Un mundo feliz*, de Aldous Huxley, 3,54. *Electric Literature* es uno de los ámbitos en los que con mayor frecuencia se habla de la relación entre lectura y velocidad.

Pese a que nunca introdujeron la referencia al tiempo aproximado de lectura de sus artículos —que preside publicaciones electrónicas como la edición estadounidense del *Huffington Post*, por ejemplo—, los responsables de *Electric Literature* volvieron poco después sobre el tema proponiendo una lista de lecturas que requieren menos de una hora; el tiempo —sostienen, con un desconocimiento evidente de ciertas realidades nacionales— «que toma esperar en la consulta del médico o tomar el subterráneo al trabajo»: «La caída de la Casa Usher», de Edgar Alan Poe (21 minutos); «El extraño caso de Dr. Jekyll y Mr. Hyde», de Robert Louis Stevenson (53 minutos); «La gran muralla china», de Franz Kafka (22); «La nariz», de Nicolai Gógol (37), etcétera. Algo antes, la misma publicación había hecho una selección de «diecisiete novelas que puedes leer de una sentada» en la que destacaban *Nocturno de Chile*, de Roberto Bolaño; *El amante*, de Marguerite Duras; *Hijo de Dios*, de Cormac McCarthy, y *Siempre vivimos en el castillo*, de Shirley Jackson.[5]

---

[5] Las cifras a las que llegan Michel y otros no dejan de ser interesantes por sí mismas: el *Diario*, de Ana Frank requiere 4,6 horas de lectura; *Matar a un ruiseñor*, de Harper Lee, 5,51; *Lolita*, de Vladimir Nabokov, 6,25; *La Odisea*, 6,67. *Orgullo y prejuicio*, de Jane Austen, requiere 6,74 horas de lectura; *Madame Bovary*, de Gustave Flaubert, 8,43; *Grandes esperanzas*, de Charles Dickens, 10,19; *Crimen y castigo*, 11,76. Para leer *Don Quijote* se necesitan 21,72 horas, para *Guerra y paz* 32,63 y para *La Biblia* 43,79. *La chica con el tatuaje de dragón*, de Stieg Larsson, no es más que un puñado de revelaciones sin importancia, pero su autor decidió exigir a su lector, a cambio, 9,19 horas, mientras que Nathaniel Hawthorne, más modesto, solo reclama la atención del suyo durante 3,53 horas y a cambio le entrega *La letra escarlata*. (Lo cual recuerda el célebre epigrama de Jorge Luis Borges, quien, interrogado alguna vez acerca de *Cien años de soledad*, opinó que al libro le sobraba por lo menos medio siglo.)

§

Una objeción plausible a este cálculo es que es improbable que las 2,96 horas que el lector *invierte* en la lectura de, digamos, *Como agua para chocolate,* de Laura Esquivel, tengan el mismo valor ni las consecuencias para este que las 2,10 que destine a *Una habitación propia,* de Virginia Woolf, si alguna vez tropieza con él; a falta de herramientas que permitan calcular la trascendencia que los libros tienen en nuestras decisiones y el tiempo que estos nos acompañan tras su lectura, la —posiblemente— incómoda vecindad de Woolf y Esquivel tal vez admita todavía otra matización, que trasciende a ambas autoras: quizás un lector *poco sofisticado* no tenga dificultades para leer el libro de Esquivel en algo menos de tres horas, pero es probable que su lectura del de Woolf se vea lentificada por el tipo de cosas que ciertos editores —y un entramado en el que confluyen maestros, clubes de lectura, talleres literarios, críticos y publicistas, siendo estos últimos, a menudo, una y la misma cosa— intentan impedir: que subraye una frase, que apunte un comentario al margen, que anote una cita en algún cuaderno. Naturalmente, todas estas cosas constituyen formas de habitar un libro y de ser habitados por él; pero, en la medida en que la rapidez de la lectura y su facilidad constituyen el criterio determinante para su valoración, son vistas por muchos como obstáculos que se han de eliminar en la carrera desenfrenada hacia la absorción del texto rápidamente, sin molestias y sin efectos posteriores, como en el prospecto de un jarabe infantil.

§

Uno de los problemas más evidentes de la relación entre literatura y tiempo, y de las iniciativas destinadas a hacer atractiva la primera con el argumento de que leer «toma poco tiempo»,[6] es que, por supuesto, leer toma bastante tiempo, además de que, como recuerda Zaid, es caro: «Para una persona que gane el salario mínimo en los Estados Unidos, dos horas dedicadas a leer una novela de diez dólares valen tanto como el libro. Si gana diez o cien veces más, su tiempo vale diez o cien veces más que el libro»; si —agreguemos— el libro adquirido por diez dólares requiere más de dos horas de lectura, su comprador lee directamente «a pérdida».

Más allá de lo que sus autores se propongan, artículos como los de *Electric Literature*, que pretenden subvertir la idea de que no tenemos tiempo para leer, más

---

[6] Por ejemplo, la del sistema público francés de transporte, que en 2015 instaló en algunas de sus estaciones máquinas expendedoras de relatos que el usuario podía seleccionar indicando el tiempo aproximado de duración de su viaje. O la de la revista *Reader's Digest*, que desde hace décadas reproduce artículos de otros medios, y libros completos, abreviándolos.

bien ponen de manifiesto que, como demuestra Zaid, la ratio entre libros y tiempo es esencialmente negativa, cosa que, por supuesto, sería algo menos alarmante si la *lectura veloz* funcionara. No lo hace, sin embargo: si bien técnicas como la subvocalización —las palabras se leen, pero no se pronuncian mentalmente, para ahorrar tiempo—, el seguimiento de la lectura con un dedo o un objeto para que el ojo se mueva más rápido, el escaneado en busca de *palabras clave* o su *lectura en s* o *en z* permiten efectivamente elevar la velocidad con la que se lee un texto, lo cierto es que también entorpecen su comprensión.[7]

---

[7] Richard Sutz, autor de *Speed Reading for Dummies* y fundador de la empresa desarrolladora de un *software* de lectura veloz llamado *The Reader's Edge,* resume del siguiente modo realizar una lectura rápida: no se concentre en las palabras (¿?), sino en el texto, establezca objetivos cuantificables de lectura en número de palabras por minuto y procure cumplirlos; no pronuncie mentalmente las palabras que lee; no retroceda en el texto, incluso aunque no haya comprendido algo; lea más de una palabra a la vez usando su visión periférica; lea primero el título, la entrada al texto, los destacados y los gráficos y, eventualmente, el índice; no preste atención a los detalles, hágase una idea general.

Evaluando en la década de 1990 a un grupo de estudiantes entrenados en estas técnicas, el profesor de la Universidad de Missouri Ronald P. Carver comprobó que su grado de entendimiento de lo que habían leído se encontraba por debajo del 50%, lo cual suscitó una polémica, que dura hasta nuestros días, entre defensores de la *lectura veloz* sosteniendo que esa cifra es ya un éxito —pero admitiendo, a la vez, como se hace en uno de los manuales más populares, que «el escaneado puede no ser lo ideal si el objetivo principal es entender el texto»; no aclara cuál otro podría ser—[8] y detractores de dicha técnica, que se preguntan cuáles serían las consecuencias prácticas de que un cirujano o un piloto de avión optara por recurrir a ella la próxima vez que se enfrente a alguna publicación en su ámbito profesional. Carver demostró que, a mayor velocidad de

---

[8] Algunos de los argumentos empleados en su defensa por los creyentes en la *lectura veloz:* los estudios científicos sobre el tema se basarían en la evaluación de aspectos como la comprensión lectora, «que no siempre está relacionada con las necesidades lectoras de las personas en el mundo real» *(sic),* y el problema radicaría en que quienes leen rápidamente no tienen la capacidad de «pensar lo suficientemente rápido como para explicar qué es lo que leyeron» *(sic,* una vez más).

lectura, menor comprensión de lo leído, y lo hizo exponiendo cómo los estudios que afirman lo contrario presentan problemas metodológicos o están deliberadamente mal concebidos; por ejemplo, los que ponen a prueba la velocidad de lectura con un texto que el lector conoce de antemano al menos en parte: tal vez este sea el caso de, por ejemplo, Anne Jones, quien en 2007 se consagró campeona mundial de lectura veloz tras leer *Harry Potter y las Reliquias de la Muerte* en 47 minutos (4200 palabras por minuto) con una comprensión lectora del 67 %; es improbable que Jones no conociera de antemano el argumento, el estilo de J. K. Rowling o a los personajes y no pudiese, con su *lectura* y la información previa de la que disponía, confeccionar un resumen plausible de la obra.

§

«El problema con la lectura veloz es que, para cuando te das cuenta de que el libro es aburrido, ya lo has terminado», bromeó Franklin P. Jones. Woody Allen, más realista, admitió: «Hice un curso de lectura rápida para leer *Guerra y paz* en veinte minutos. Trata de Rusia». La *lectura veloz* no sirve para mucho más que para hacer chistes —y, por supuesto, para escribir ensayos como este—, porque el ojo humano solo puede fijar tres palabras al mismo tiempo —lo que hace que leer toda una página *de un solo vistazo* sea biológicamente imposible (véanse Rayner, Schotter, Masson, Potter y Treiman en la bibliografía)— y el cerebro ve limitada su capacidad de almacenamiento cuando se superan las cien por minuto; llegados a cuatrocientas, ya ni siquiera puede asimilar lo que estamos leyendo.

Pese a ello, la presión por que se desarrollen técnicas que permitan *leer* más rápidamente, y la supuesta satisfacción de esa demanda mediante libros, *software* de entrenamiento ocular y *apps*, aumentan en la medida en que se manifiesta un retroceso en los índices de comprensión lectora y se incrementan la publicación en la red y la oferta de textos impresos:[9] el Departamento de Trabajo de los Estados Unidos estimó recientemente que en ese país se pierden 225 mil millo-

---

[9] Esta última, en no menor medida, debido a la popularización de tecnologías como el ordenador personal, que han aligerado el esfuerzo físico de escribir —por ejemplo, respecto de la máquina de escribir—, permitiendo a autores ancianos (James Salter, Alexander Kluge) o enfermos (Ricardo Piglia, Roberto Bolaño) continuar escribiendo prácticamente hasta el final de sus días.

nes de dólares anuales por la incapacidad de sus trabajadores para comprender textos escritos, y la revista *Chronicle of Higher Education* de ese mismo país advirtió también hace poco tiempo que la lectura de textos en la red es más bien un escaneado y que, aunque constituye una forma de alfabetización, está ocasionando graves daños en la forma *correcta* de leer.

§

La multiplicación exponencial de la producción de libros —«más, antes, para más personas, más rápido»— tampoco se ve justificada por un aumento continuado de la demanda; a pesar de ello —en realidad, por esa razón—, las editoriales no dejan de incrementar la cantidad de títulos que publican anualmente. En 2019, la facturación del sector editorial español (2420,64 millones de euros) seguía un 22,16 % por debajo de la de 2009 (3109,58 millones), que ya había bajado en relación con años anteriores (son datos de la FGEE), pero el número de títulos *vivos* alcanzaba el que probablemente sea su máximo histórico gracias a la racionalización de la distribución y a las posibilidades que ofrecen tiendas electrónicas como Amazon y AbeBooks. Lo que los editores han estado haciendo desde la irrupción de la crisis económica es, básicamente, producir más títulos para vender la misma cantidad de libros.

El problema es que el aumento de la oferta de títulos no solo no genera un incremento de la demanda, sino que, de hecho, la obstaculiza: en la medida en que disminuye el tiempo de exhibición en librerías —y en el marco de la reducción de los espacios en los que se escribe sobre libros, así como de los presupuestos editoriales para publicidad—, el lector no se entera de su existencia y estos no participan de la conversación que constituye su finalidad última y la razón por la que deberían haber sido publicados. «Muy pocos se reeditan, menos aún se traducen», constata Zaid. La multiplicación de los libros y la recurrencia a ciertos eslóganes[10] los devalúan y contribuyen a la pérdida de atractivo de la así llamada *Galaxia Gutenberg*.

Más que en lo que se publica —ya que siempre ha habido libros malos, prosa de circunstancia, jóvenes promesas devenidas triste realidad, *bestsellers*, columnismo de sociedad y de página de opinión contrabandeado como literatura *literaria*, etcétera—, es en el aumento de la oferta literaria[11] donde se debe buscar el

---

[10] Unos eslóganes concebidos para que los libros emerjan siquiera por un instante de la superficie de un mar que se extiende más allá del horizonte: «Imprescindible», «Una lectura necesaria», «Una de las mejores voces de la literatura panameña», «Una historia íntima y conmovedora», «El nuevo Ernest Hemingway», «La nueva Shirley Jackson», «La nueva Shirley Jackson que no es la que era la nueva Shirley Jackson el mes pasado», «El mejor libro del año por esta semana», etcétera.

[11] Que es, a su vez, tanto producto de la ficción de que *todos llevamos una novela dentro de nosotros* —y de que, por lo tanto, no es necesario que nos preguntemos por qué y para quién escribimos— como de la disminución de las ventas y el aumento de los títulos publicados a los que hacía referencia

origen de la depreciación de la demanda de libros, como si los lectores, hartos de las promesas incumplidas del negocio editorial —y, a ratos, imposibilitados incluso de enterarse de ellas—, hubiesen perdido todo interés en una lectura de libros que no puede ser acelerada, que es concebida como un obstáculo en la dirección hacia algo —el *ser culto*, el *estar al día*, el *saber*— que no es posible alcanzar nunca del todo y ya no entusiasma a nadie.

---

más arriba, así como de la consiguiente resignación de ciertos editores frente a la imposibilidad práctica de exigir de un manuscrito algo más que una experiencia accesible de lectura y cierta corrección; es decir, también de una disminución de la ambición y la exigencia —la *autoexigencia*— editoriales.

§

La pregunta de por qué se escribe —es decir, la de cómo y qué razones hacen de alguien una persona con una voluntad específica y una vocación que para otras resulta incomprensible— está detrás de algunos libros extraordinarios, decenas de muy buenos filmes y un número aun mayor de producciones cinematográficas desencaminadas y vergonzantes, biografías, documentales y, más recientemente, al menos dos videojuegos, *Alan Wake* y *The Novelist*. Procurando responder a otra pregunta, la de por qué algunos escritores dejan la escritura —una elección de la agrafía que Enrique Vila-Matas llamó el *síndrome Bartleby*—, el filósofo español Antonio Valdecantos observó sagazmente que «el ágrafo no es un fugitivo de la escritura, sino más bien el escritor un traidor a la agrafía».

¿Para qué escribir «exuberantes y cenagosas selvas de palabras», se pregunta Valdecantos, si de ellas solo quedarán, en el mejor de los casos, «un par de arbustos enanos, hijos del malentendido y de alguna tara exegética inconfesable»? La aceptación consuetudinaria de un narcisismo más extendido de lo deseable —que sostiene y articula una parte considerabilísima de lo que llamamos *autoficción*—, así como el deseo, que todos compartimos, de una escena literaria más plural, más inclusiva y renovada, conducen a una inflamación de las así llamadas *narrativas del yo*, de buena parte de cuyos textos solo se puede decir que lo mejor que podría haberles pasado es que hubiesen continuado formando parte de la francesa «Oficina de Proyectos no Realizados», en vez de provocar el embarazo de sus autores —y de sus más o menos numerosos lectores— siendo publicadas.[12]

§

«La productividad moderna reduce el costo de la reproducción mecánica y aumenta el costo de la repro

---

[12] No es fácil —de hecho, es cada vez más difícil— responder la pregunta central del ensayo de Valdecantos: ¿por qué escribir si, «aun en el caso milagroso de que la prosa (o el verso) le llegaran a surgir con fluidez [al autor], lo resultante se precipitaría por el sumidero del mercado, donde, en el mejor de los casos, habría de competir con material libresco verdaderamente repugnante»? (Pero también con algunos de los libros de Nicholson Baker, el escritor estadounidense que nos lo enseñó todo sobre el placer añadido de las notas a pie de página.)

ducción socrática», afirma Zaid; esto significa que la multiplicación de los libros no supone un incremento de los usos sociales de la literatura; por el contrario —y pese al aparente incremento de la actividad lectora que propició el confinamiento y el largo *tiempo arrestado* de la pandemia—, esta es vista como esencialmente inútil y, por consiguiente, no debería sorprender que su facturación —más específicamente, la de la literatura de ficción literaria— disminuya de año en año; si se la concibe como una actividad destinada únicamente a la adquisición de un cierto conocimiento o como algo que se hace solo «para pasar el rato», la literatura pierde ante otras formas de entretenimiento —por ejemplo, ante las nuevas plataformas audiovisuales, cuyas series algunos definen ya como «la nueva literatura»— y en su competencia con material escrito de rotación y lectura considerablemente más veloces como el de los periódicos y portales de noticias en línea y ciertas redes sociales.

No especialmente nuevas ya, las *nuevas tecnologías* aumentan en tan gran medida el número de textos y la cantidad de información de los que disponemos que nuestra capacidad de formarnos una opinión crítica acerca de ellos disminuye a mínimos; esto se debe, por una parte, al hecho de que la fragmentación de los contenidos en pequeñas unidades —un par de versos, un fragmento de imagen, una frase subrayada en un libro, un vídeo de escasos segundos— nos impide establecer un criterio de valoración, algo que por lo general depende de un contexto del que carecemos en nuestro uso de las nuevas tecnologías; por otra parte, porque la urgencia por acceder a nuevas informaciones y a más textos —que se nos impone bajo la forma del *scroll* en redes sociales, la lógica asociativa del algoritmo y el enlazamiento potencialmente infinito de las páginas web— nos resta el tiempo necesario para la reflexión, que además se ve aún más reducido por el carácter simultáneo del tipo de lectura y de escritura que se pone de manifiesto allí donde el lector solo lee lo que le resulta de interés para producir su comentario; y, por último, porque el contenido únicamente despliega su potencial en el momento en que lo compartimos, adhiriéndolo al hacerlo a una lógica de acuerdo con la cual el modo en que este da cuenta de sus condiciones sociales de producción, manifiesta cierta maestría, produce sentido, se articula de algún modo con la tradición o se constituye en experiencia, y careciendo de importancia en relación con la forma en que *conectamos* con él, es decir, con la respuesta emocional que este nos produce, que es todo su contenido.

Una disponibilidad absoluta de información y textos como la que experimentamos en Internet no solo es contraria a las leyes pulsionales que hacen que solo otorguemos valor a aquello de lo que no disponemos y nos cuesta obtener —si es gratis no vale nada, es la opinión más extendida en este asunto—; también, dada su aparente gratuidad —en realidad, un desplazamiento de los beneficios que producen el consumo artístico y de prensa de manos de sus productores a las de las compañías tecnológicas y las empresas de telefonía que comercializan el acceso a los contenidos—, supone cambios en el modo en que son concebidos la *propiedad* de los textos, la *unidad de la obra* y su *autoría*.[13]

---

[13] Términos todos que parecen haber perdido ya buena parte de su utilidad —como ponen de manifiesto las numerosas apropiaciones y plagios que pueden encontrarse en los entornos digitales— y acabarán por perderla tal vez definitivamente a manos de una nueva generación de personas por completo *nativas* de esos entornos que ya no se interroga acerca de quién o qué es el autor de algo y se limita —pero el acto, bien mirado, también tiene su complejidad— a compartirlo a modo de meme.

§

De acuerdo con cierta opinión no poco extendida, lo único que la literatura no habría perdido todavía es su supuesto potencial de hacer daño. En los últimos meses, los partidarios de la así llamada *cultura de la cancelación* y cientos de entusiastas del relato conspirativo parecen haberse puesto de acuerdo en torno a una versión escasamente original, pero novedosa en su metodología, de los vínculos entre literatura y moral.

Mientras decenas de padres norteamericanos exigen a las autoridades del colegio de sus hijos la retirada de libros como *1984,* de George Orwell, y *Maus,* la extraordinaria novela gráfica de Art Spiegelman sobre la experiencia de su padre en el campo de concentración; los empleados de Hachette se retiran de sus puestos de trabajo como medida de protesta por la adquisición de los derechos de la autobiografía de Woody Allen, que finalmente es publicada por otra editorial; una joven autora de raza negra exige que su traductora al español también lo sea; los libros de J. K. Rowling son quemados por fundamentalistas religiosos en Tennessee por ser supuestamente «satánicos» y cancelados al mismo tiempo por otros a raíz de unos comentarios supuestamente «transfóbicos» de su autora; el filme *Lo que el viento se llevó* es eliminado de la plataforma de HBO por «glorificar la esclavitud»; una tuitera se fotografía en el Museo del Prado con carteles que dicen «ni putas», «ni santas», frente a la *Cleopatra* de Guido Reni y a *La reina Mariana de Austria* de Carreño de Miranda —dos pinturas que, por cierto, no representan ni una cosa ni la otra—; el Rijksmuseum de Ámsterdam cambia el título de la *Joven negra* de Simon Maris por *Joven con abanico*, como si de esa manera la obra no hablase, o hablase menos, de su carácter profundamente etnocéntrico; los intérpretes *cancelados* son eliminados digitalmente de los filmes en los que actúan; una librería retira los ejemplares de Carmen Mola tras descubrir que este era el pseudónimo de tres autores, y una universidad italiana cancela —y se ve obligada a volver a ofrecer, ante el cuestionamiento y las burlas— un curso destinado a estudiar la obra de Fiodor Dostoievski porque teme que el hecho de que el autor haya sido ruso puede verse como un apoyo a la invasión de Ucrania. El moralismo regresa a las artes, también a la literatura, con su rostro más crispado y vociferante, y los creadores desplazan su atención de la práctica artística a la puesta en escena de su persona en las redes sociales y evitan abordar asuntos verdaderamente espinosos para evitar el linchamiento.

El resultado es una visión de acuerdo con la cual la literatura carece de toda relevancia, excepto que contravenga las ideas morales de alguien, caso en el cual su relevancia y su peligrosidad son absolutas y demandan un rechazo instantáneo y explícito, la retirada de ejemplares y su destrucción inmediata. Ni siquiera los medios de comunicación *serios* escapan a esta actitud, por lo que no debería sorprendernos que, en febrero de 2022, y en relación con un crimen de actualidad, el diario español *El Mundo* destacara en un artículo que «el joven parricida de Elche habría leído *La edad de la ira*, una novela en la que un joven mata a su familia, y que forma parte del programa educativo de su instituto». (Para un enfoque plural y actualizado de este tema, véase García Cívico, Peydró, Pérez de Ziriza y Valero en la bibliografía.)

§

Vivimos tiempos no particularmente buenos, pero tampoco mejorables; inmersos como estamos en el régimen de «velocidad absoluta» del que habla Virilio, en los últimos años hemos visto cómo la comida rápida y la precocinada disminuían el tiempo dedicado a la alimentación, el fax agilizaba los intercambios postales y el correo electrónico los volvía instantáneos, las redes sociales y las alertas de Google hacían parecer redundante el periódico del día siguiente —que muy pocos compran todavía—, la venta electrónica volvía innecesario salir de compras y las aplicaciones de emparejamiento en línea reducían considerablemente el tiempo de búsqueda de pareja.

Un estudio de la Universidad de California demostraba recientemente que, en palabras del neurobiólogo Peter Whybrow, «el ordenador actúa como cocaína electrónica»: al tiempo que acelera nuestros hábitos de comunicación y consumo, ejerce sobre nosotros una especie de condicionamiento implícito cuyos resultados son una dependencia cada vez mayor de su funcionamiento, la adopción de un estilo epigramático en nuestros intercambios por escrito dentro y fuera de la virtualidad, un aceleramiento de la circulación de noticias y rumores que impide cualquier atisbo de control por parte de la prensa y, por consiguiente, facilita la manipulación política del sujeto, una presencia tan consistente en la red que determina que el propio sujeto perciba su historia personal y la época en que vive como una sucesión de acontecimientos aislados, presididos por la lógica asociativa del enlace, pero no por su potencialidad de contribuir a un relato coherente y unificado. En una época que prefiere flexibilidad y capacidad de reacción a constancia y análisis, todos estamos, literalmente, histéricos.

§

Algo después de la publicación de *Alicia en el país de las maravillas*, Lewis Carroll admitió que había creado el personaje del Conejo Blanco para ofrecer un «contraste» con «la juventud, la audacia, la energía y la suave resolución» con la que Alicia persigue sus objetivos. Que nos hayamos convertido en el Conejo Blanco supone que, con su prisa, también hemos hecho nuestros el envejecimiento, la falta de audacia, el desinterés y la inconstancia que lo caracterizan en oposición a la protagonista del libro, pero también significa que, en la imitación de Alicia, en particular, y en la literatura, en general, hay una probable solución al problema de la exigencia de «más, antes, para más personas, más rápido».

En oposición a la demanda de que nuestras prácticas y nuestros intercambios sean más y más veloces, la literatura constituye una práctica lo suficientemente lenta como para constituir un refugio —de hecho, una forma de resistencia— ante el imperativo de ir más y más rápidamente.[14] De todo libro —aunque quizás no

---

[14] Que al menos la ficción es reactiva a la lectura apresurada es algo que también parecen admitir los defensores de la utilidad de la *lectura veloz*, aunque estos sostienen que la culpa es de la literatura, ya que esta se centraría en «experiencias emocionales» que «el cerebro humano sencillamente no puede procesar a suficiente velocidad», por lo que «es mejor leer novelas en "tiempo real"». Naturalmente, los autores no explican por qué equiparan literatura de ficción con novela y cuál sería ese «tiempo real» al que se refieren; pese a lo cual, recomiendan de todas

de uno como este— se deriva una coherencia que puede servir como modelo para la rehabilitación de un retrato congruente de nosotros mismos y de nuestros vínculos con los demás. En cada uno de los grandes libros de la tradición cuyo tema es casi de forma excluyente el tiempo —*Tristram Shandy*, de Laurence Sterne; *Orlando*, de Virginia Woolf; *En busca del tiempo perdido*, de Marcel Proust; *Ficciones*, de Jorge Luis Borges; los *Diarios* de Kafka, por nombrar solo unos pocos— subyace la promesa de una liberación del temor de que la proverbial flecha del tiempo esté apuntando en una sola dirección: básicamente, hacia nosotros.

Para ello es necesario desarticular una serie de pares antitéticos —y profundamente arraigados en las percepciones contemporáneas de la literatura—, como el que vincula lectura y utilidad, y el que exige una reducción del tiempo de la primera en nombre de un aumento de la segunda. Al menos en lo que hace a la literatura, lo que nos ha conducido a la situación actual es su utilidad relativa y los intereses económi-

---

maneras «pasar rápido» sobre descripciones largas y antecedentes de los personajes, que definen como las partes «lentas» de una novela, para ir directamente a sus «partes jugosas» *(sic)*.

cos que se articulan sobre ella y no solo comprenden a editores y a distribuidores, sino también a autores y lectores, inmersos estos últimos en una economía de la atención de la que nunca se podrá decir lo suficiente;[15] por lo tanto, es posible que la solución se encuentre en una literatura que carezca deliberadamente de utilidad, que se resista a ser pensada como inversión, que desaliente la lectura apresurada, que esté en una relación conflictiva con el mercado, que no se adhiera a la visión cuantitativa que cifra la importancia de ciertos libros en el número de ejemplares

---

[15] Zaid sostenía ya en 1972 que lo ideal ante el aumento y la aceleración de la producción de títulos en detrimento de la capacidad de lectura era limitar la oferta a la demanda, inventando «formas de operar adaptadas a las transacciones pequeñas y diversas» que presidirían un negocio editorial diversificado y próspero. Por supuesto, su argumentación era acertada, excepto por el hecho de que dejaba fuera la avidez, que es el deseo que más y mejor caracteriza a todos los actores involucrados tanto en la producción de libros. (Y esto incluye tanto a los responsables de los grandes grupos editoriales como a los editores así llamados *independientes,* cuyos condicionantes y necesidades pueden parecer —y, de hecho, en parte son— distintos a los de los primeros, pero cuya solución a los costes de distribución y a la volatilidad de la demanda suelen ser similares, aunque a menor escala.)

que venden, el número de reseñas que obtienen o el número de tuits, clics o comentarios que generan, que se resista a su resumen en un eslogan publicitario; que se haga fuerte, por fin, en su condición de experiencia, que sea improductiva —«¿Qué importa si uno es culto, si está al día o ha leído todos los libros? Lo que importa es cómo se anda, cómo se ve, cómo se actúa, después de leer», sostiene Zaid—, que carezca de porqué y no tenga para qué, que se ubique en el tiempo, pero también fuera de él, que esté en su contra.

§

Julien Gracq finaliza su extraordinario panfleto *La literatura como bluff* (1950) definiendo la de su tiempo como «una literatura de pedantes»;[16] más de setenta años después, esa pedantería se manifiesta —dicho esto, naturalmente, a riesgo de incurrir en el reduccio-

---

[16] Nacido Louis Poirier en 1910, Gracq escribió novelas, una obra de teatro y poesía, se ganó la vida dando clases de historia y geografía en el instituto, fue amigo de André Breton, rechazó en 1951 el Premio Goncourt por su novela *Le Rivage des Syrtes* (*El mar de las Sirtes,* 1986), concedió muy pocas entrevistas, presidió la literatura francesa de su tiempo con su rigor e independencia como crítico. Gracq se afilió al Partido Comunista en 1936, pero rompió con él tras el Pacto Molotov-Ribbentrop de 1939; durante la Segunda Guerra Mundial fue hecho prisionero por los alemanes y aprovechó la ocasión para escribir una novela, un libro de poemas y su obra de teatro: en 1932 había leído *Nadja* (1928), de Breton, y le había causado una impresión tan fuerte que empezó a escribir libros que ponen de manifiesto una visión del mundo onírica y extraña. *La literatura como bluff* es una lúcida diatriba contra el mercantilismo literario y aún suena contemporánea; prácticamente cada página de su ensayo arroja un párrafo notable, que *clava* la situación que describe, y cada uno de sus párrafos es una lección de cómo debe ejercerse la crítica literaria. Gracq murió en 2007.

nismo, ya que hay tantas variantes individuales como autores— en al menos dos tipos de actitudes y prácticas que determinan la adscripción de los autores surgidos más recientemente a dos grupos.

El primero de ellos siente nostalgia de la autoridad y de la tradición y produce una literatura de ficción cuyo horizonte de posibilidades y modelo son los de la novela realista decimonónica, de la que han heredado la afición por la extensión narrativa y la linealidad, unos personajes femeninos pasivos y sufrientes que los autores —y, sorprendentemente, también algunas autoras— reducen a la impotencia y a la intimidad y una visión del mundo de acuerdo con la cual las iniquidades y desigualdades son resultado de un devenir histórico que, por su propia dinámica progresista, tiende a corregirse a sí mismo.

El segundo de estos grupos, por su parte, tiene su horizonte estilístico en la imitación de las técnicas cinematográficas y televisivas y se articula en torno al enorme valor que el sistema literario otorga a todo aquello que irrumpe en él como novedad, es fragmentaria y epigonal de cierta narrativa anglosajona y francesa de los últimos veinte años y abona la fantasía de que el consumo cultural y los medios económicos que se requieren para financiarlo —así como la formación necesaria para disfrutar de algunos de ellos, los que no participan de la producción en serie de cierta parte del negocio editorial— están al alcance de todos nosotros.

Aunque parezcan antagónicas, las prácticas y actitudes de ambos grupos guardan grandes semejanzas, entre las cuales la más importante es el uso exhaustivo de las nuevas tecnologías para su promoción;[17] también, y principalmente, los emparenta su desinterés por el potencial crítico de la literatura del que hablaron, entre otros, los autores de, y próximos a, la Escuela de Frankfurt.

§

Que la noción de valor ha dejado de ser determinante en la incorporación de las obras al sistema literario, y

---

[17] Naturalmente, la cuestión no es si promocionarse o no, sino más bien en qué medida y qué se promociona exactamente: cuando esto último no es un libro, sino la vida privada de su autor o autora, sus habilidades culinarias, su descendencia o sus preferencias de veraneo, una especie de incomodidad se instala en algunos de los lectores, que de inmediato nos arrojamos sobre cualquier cosa que nos ofrezca algo distinto a una intimidad degradada a la condición de espectáculo.

—a menudo— en su evaluación, se pone de manifiesto en el hecho de que tanto autores como críticos parecen haber olvidado dónde radica el valor en ellas, así como en su adopción acrítica de listas, recomendaciones y *cánones* producidos por algunos de los numerosos actores de la industria editorial.

Una buena parte de los autores y las obras a las que hago referencia aquí dan la espalda a la tradición literaria y al problema del valor en literatura para emular ciertas experiencias de percepción contemporáneas en un presente saturado de información recibida de forma simultánea y no jerarquizada; el problema es que su recreación de esas experiencias no surge de una distinción entre la acumulación de información y la producción de conocimiento, y —lo que es aún peor— no cuestiona a los poderes económicos que están detrás de esa información ni se pregunta si ese mundo del consumo anónimo e individual de contenidos en la red no está también destinado a ofrecer consuelo ante un estado de cosas en el que las jerarquías sí existen y condicionan el acceso a la educación y al consumo no solo cultural.

Quien lo desee, puede utilizar la —en mi opinión— provocadora pero poco específica distinción que el ensayista y escritor argentino Damián Tabarovsky realiza en su texto *Literatura de izquierda* y preguntarse si este tipo de fábulas del acceso al mercado —en un sentido doble: imaginario, en el caso de sus lectores, pero real en el de los autores, aunque sea por unos pocos libros— no conforma, en realidad, la *literatura de derecha* propia de una vanguardia sin vanguardismo, sin visión histórica, sin reflexión acerca de sus condiciones materiales de producción y sin capacidad de generar conocimiento sobre el mundo que nos rodea.

Una literatura consensual que se debate entre el ejercicio de la nostalgia y la adaptación audiovisual, entre la pretendida superación del trauma individual —y, en ocasiones, el histórico— y su deseo de agradar a las instancias económicas y políticas que, en realidad, están detrás de ese trauma, entre el atractivo comercial del escándalo y el de la fabricación de sensibilidades de fácil digestión, entre la celebración de la literatura como algo susceptible de *mejorar la vida* de las personas y la convicción tácita de que ya no tiene sentido crear, producir una literatura que no refleje la vida personal de su autor o autora.[18]

---

[18] Una literatura que, a diferencia de la que la precedió, no acepta su condición minoritaria y aspira de manera indisimulada

§

El problema aquí es el de las relaciones entre literatura y mercado y las concepciones y prácticas que emergen de la confluencia de ambos bajo el signo de «la ubicuidad, la instantaneidad y la inmediatez» y de los nuevos roles que los escritores asumen en el marco de la pérdida de prestigio social de la literatura. Esta pérdida de prestigio no parece tan vinculada a la emergencia de otras formas de entretenimiento popular en el último siglo, ya que ninguna de ellas ha supuesto un menoscabo, sino más bien un enriquecimiento del repertorio de posibilidades de la literatura, como a la internalización por parte de los escritores de las reglas que presi-

---

a la popularidad, que mide en libros vendidos, número de amigos en las redes sociales, clics y comentarios. Que la popularidad sea el criterio determinante de valor en la concepción que estos autores tienen de la literatura —incluso la de aquellos que pretenden ser *contestatarios, rompedores, contraculturales* o como se quiera, pero no parecen encontrar especialmente contradictorio el *cuestionar* a la sociedad y celebrar la reimpresión de sus libros cuando se produce— es una prueba más de su carácter acomodaticio y, esencialmente, conservador.

den el mercado literario,[19] a la ficción solo aparentemente democrática de que un aumento del número de autores y autoras supondría un incremento de la diversidad de la literatura que leemos[20] y a la defección de la crítica literaria, que alguna vez supo, o al menos intentó, constituirse en una fuerza autónoma de las reglas del mercado.

§

La enorme cantidad de ámbitos en los que se habla de libros en la actualidad —revistas, publicaciones elec-

---

[19] El mercado literario no es simplemente una industria, y tampoco ningún tipo de órgano de gobierno centralizado que otorga recompensas y castigos a obras y autores que los merecen, sino un modo de producción de la realidad: articula, moldea y otorga sentido a la percepción extendida de que existe algo parecido a un sistema literario. De hecho, el estar dejando la cuestión del valor en sus manos supone que sea el único modo de producción de la realidad que los lectores conocen.

[20] Una ficción por cuanto, como es evidente, los autores parecen provenir todos —con un puñado de excepciones— de la misma clase social, haber ido a los mismos colegios y compartido las mismas experiencias, que narran en el lenguaje de los libros que han leído, que parecen ser también los mismos.

trónicas, blogs personales, sitios web y redes sociales como Goodreads, Twitter, YouTube, Instagram y TikTok— no parece haber supuesto una mejora perceptible del nivel de la discusión, sino, por el contrario, el entorpecimiento hasta la parálisis del intercambio de argumentos y de ideas (véase Zaid) y la sustitución de la crítica literaria por el ejercicio narcisista del gusto —«me gustó», «no me gustó»— y la glosa periodística.

La defección de la crítica no es nueva, sin embargo: hace unos años, todavía en la universidad —al principio de lo que algunos podrían llamar, quizás irónicamente, mi *carrera literaria*—, comencé a reunir un poco al azar los mejores ejemplos de la peor crítica literaria con la que tropezaba. Cosas como «la tensión ejercida sobre la insuficiencia de la palabra» o «la contracción textual asociada a una imagen». El recursivo y exasperante «artefacto verbal». Una cierta «inmersión del lector en la génesis poética». Algo llamado «la contestación de la imagen del mundo y del mundo en la imagen» en conflicto con la «búsqueda de la evasión protectora, de la réplica placentera y placentaria». Durante algunos meses traté de entender la expresión «la sopa sonora», sin conseguirlo, pese a que en ella, según cierto crítico, el «sujeto palpitante» del relato analizado se enfrentaba al «sujeto gramatical impasible, transparente, vacío, para movilizarlo, afantasmarlo *(sic)*, diversificarlo, rebajarlo, devolverlo a la base somática», todo lo cual parecía estremecedor.[21]

Naturalmente, yo no tenía ni idea de en qué consistía esa «afantasmización», qué era una «contracción textual» y de cómo la «insuficiencia de la palabra» se manifestaría precisamente en un texto escrito. Pero solía decirme con cierta frecuencia que tal vez sería útil para alguien —y, en no menor medida, para mí mismo— formar con todos estos ejemplos de deser-

---

[21] No fueron los únicos casos con los que me topé, y es posible que el lector haya tropezado también con algunos de ellos u otros parecidos, los de una crítica literaria que se debate entre la corrección escolar —«la prosa es funcional y correcta, aunque con alguna construcción cacofónica»— y la masturbación: «La firmeza rítmica de su oralidad mesmerizada y la persuasión sintáctica de sus imágenes funcionan como un motor de sinestesias alimentado con humores y viscosidades, excrecencias, chillidos, murmullos y pigmentaciones de amplio espectro», «Sustenta sus conceptos más que en su encadenamiento formal o meramente lógico, en el anclaje a un sustrato cuasi narrativo», «Este artefacto verbal acoge la inmersión del lector en su génesis poética». El lector no debería ser muy duro consigo mismo por no entenderlos; aunque «serás inteligible» tendría que ser el primer mandamiento de los críticos literarios, la oscuridad es el refugio preferido de muchos de ellos.

ción a una causa aparentemente perdida, la del diálogo razonado sobre los libros, un catálogo a medio camino entre la denuncia y la advertencia que pusiese orden en un mundo no muy distinto del actual. Un mundo en el que la reducción del espacio que la prensa dedica a la crítica literaria y su sustitución por instancias que no se ciñen a criterios mínimos de calidad, así como la indecisión de algunos en cuanto a qué es y para qué sirve la crítica literaria, nos abocan a problemas no del todo menores en relación con por qué leemos y qué, al problema del valor de las obras literarias y a la pregunta nada banal de qué dice todo ello acerca de quiénes somos y en qué clase de sociedad vivimos.

§

Søren Kierkegaard comparó la lectura de las reseñas de sus libros con «el largo martirio de ser pisoteado hasta la muerte por los gansos». John Steinbeck aconsejaba ignorar a los críticos «a no ser que los bastardos tengan el valor de alabarte sin freno». El compositor finlandés Jean Sibelius solía recordar que «nunca se ha erigido una estatua en honor de ninguno de ellos». Una concepción agonal de la literatura y los numerosos malentendidos y errores en la recepción de los libros más importantes, incluso por parte de lectores con talento,[22] han creado la ilusión de que entre escritores y críticos se libra un combate sordo, en el que unos y otros se disputan la autoridad sobre los textos.

Pero detrás de mi proyecto de catálogo razonado no había ninguna hostilidad hacia ningún crítico, sino un esfuerzo por averiguar por qué algunas cosas son

---

[22] George Bernard Shaw calificó el *Ulises* de un «registro repugnante de una fase repugnante de la civilización», por ejemplo. Y Virginia Woolf fue aún más explícita cuando definió la novela de James Joyce como «el esfuerzo de un estudiante asqueroso que se revienta las espinillas».

de cierta manera y responder a la pregunta de si es posible otro tipo de crítica y, en caso afirmativo, cuál. No era una pregunta fácil de responder por entonces, y quizá lo sea aun menos en el presente; pero tal vez ahora sea más necesario contestarla que en aquella época. Y, sin embargo, nadie es flaubertiano a tiempo completo, así que nunca terminé mi *Bouvard y Pécuchet*: Demasiados ejemplos, demasiado buenos para dejarlos fuera, demasiadas malas noticias. Como escribió Robert Pinget, «todos esos pobres de hoy en día que se ponen a escribir, la de desilusiones que les esperan».

§

«Los escritores mueren dos veces, primero sus cuerpos, luego su obra; pero lo mismo producen libro tras libro, como pavos reales desplegando sus colas, una maravillosa llamarada de color que pronto es arrastrada por el polvo», escribió Leonard Michaels. Nuevamente, ¿es posible otro tipo de crítica literaria? Una que nos ahorre algunas de las desilusiones de las que habla Pinget y contribuya a que la «maravillosa llamarada de color» nos deslumbre por un instante incluso aunque su destino —y el nuestro— sea el polvo. Una que cuestione los prejuicios del lector y la facilidad con que este es manipulado por una industria editorial que persiste en la producción apresurada —«más, antes, para más personas, más rápido, más barato»— de sentimentalismos fatuos y desechables. Una que trabaje contra la lectura ingenua de la ficción, emanación de los hábitos inculcados por la institución escolar. Una que proponga una objeción razonada a la idea de que el escritor debe escribir «de lo que sabe» o —peor aún— «de lo que le pasó», que reduce la literatura a mal periodismo. Que, como escribe Jesús García Cívico, «no rebaje el nivel del texto en lugar de subir el nivel del lector». Que no transija con las demandas de inmediatez y ubicuidad de una sociedad que se devora velozmente a sí misma. Que establezca una distinción básica —y, sin embargo, cada vez menos habitual— entre *autor* y *narrador*, entre el tema de los libros y lo que estos significan también en términos de forma y en tanto expresión de una determinada historia de las técnicas literarias. Que no se limite a dar cuenta de las intenciones que los autores afirman tener, sino que las ponga a prueba en el análisis de sus textos. Que se pregunte sobre qué dicen estos últimos de las ideas de autor, de negocio editorial, de lector, de literatura y de valor, de comunidad y de individuo, que circulan en el presente. Que no limite su función a señalar la congruencia interna de ciertas obras, sino también, y sobre todo, su coherencia —si existe— con el sistema de valores de un país que, como observó recientemente Francesco Pecoraro, es «un país católico de centroderecha, con periódicos en su mayoría católicos de centroderecha y una oposición católica de centroderecha, pero con una opinión pública de derechaderecha». Que aspire a ocupar un lugar central en la discusión pública sobre los libros como potenciales repositorios de proyectos utópicos de vidas y sociedades otras. Que ofrezca de alguna manera un dique de contención a los embates del pensamiento paranoico y las nuevas y viejas formas de totalitarismo. Que, en la medida de lo posible, no se limite a exponer el gusto individual ni a cultivar las inevitables afinidades electivas, pero tampoco se atrinchere en el insulto y en el epigrama ingenioso aunque no especialmente inteligente. Que coloque los textos en el mapa y que contribuya a que el de su lector sea más y más amplio. Que trabaje por la conformación de un escenario literario inclusivo, no sexista, diverso, horizontal y vigoroso.

§

No es fácil escribir sobre estas cuestiones sin parecer dogmático. Pero, como escribió el joven crítico alemán Michael Hasin en 2015, «para escribir crítica se necesita fe, no en Dios, sino en la literatura. Los críticos tienen que creer que ésta es buena no sólo para ellos, sino también para los demás. Tienen que ser fundamentalistas, tienen que hacer proselitismo». No parece haber otra forma posible de salvación ante la instrumentalización de la crítica por parte de la industria y la reducción del potencial transformador y crítico de la literatura. Nuestras vidas como lectores, pero también las frágiles democracias de nuestros países —cuya subsistencia está estrechamente relacionada con la capacidad de sus ciudadanos para comprender ciertas ideas expresadas a menudo por escrito y, también de forma crucial, para ponerse en el lugar de los demás, como solemos hacer cuando leemos sobre las fortunas y desventuras de los personajes— parecen depender en gran medida de ello.

§

La *influencer* francesa Maddy Burciaga —2,7 millones de seguidores en Instagram, 173 000 suscriptores en YouTube, 61 100 en Twitter— fue noticia en enero de 2021 por anunciar unas cajas impresas con portadas de libros de lujo a 19,99 euros las dos unidades; sus *libros* no tienen páginas y, como se puede ver en el vídeo que colgó en sus redes sociales, son tan buenos para decorar una habitación como cualquiera de los muchos papeles pintados tipo biblioteca que se pueden adquirir fácilmente en Amazon estos días: por menos de 70 euros, el cliente puede presumir de poseer numerosos y muy respetables libros sin necesidad de comprarlos, adquirir estanterías y, por supuesto, leerlos.

Los libros falsos de Burciaga pueden parecer un blanco fácil para la crítica, pero hablar de ellos parece necesario porque forman parte de un fenómeno más amplio y potencialmente destructivo, la *bookishness* o *adicción al libro*, que la profesora asociada de inglés y literatura comparada de la Universidad Estatal de San Diego Jessica Pressman define como una suma de «actos creativos que se relacionan con la materialidad del libro dentro de una cultura digital», un puñado de prácticas no muy creativas que incluye la publicación en las redes sociales de la imagen de un libro sobre un fondo estéticamente aceptable, la escenificación de la lectura, la celebración de librerías visualmente atractivas, el comentario superficial pero entusiasta de las emociones que despierta una obra, el registro fotográfico en ambientes hogareños de pilas de libros vinculados por el color dominante en sus portadas o algún otro aspecto ajeno a su contenido y, por supuesto, la adquisición y exhibición de bolsas de tela, llaveros, marcapáginas, estuches, muñecos, cojines, joyas, camisetas, juguetes y lápices con citas o nombres literarios.

Para Pressman, «hay una urgencia y una especie de intensidad en este apego y afiliación a los libros en la era digital»; según la autora, su exhibición y comentario en ciertas plataformas serían una forma de resistencia a la idea de que la literatura y la práctica de la lectura de libros han caído en la obsolescencia, y el interés por parte de la industria editorial por imitar su funcionamiento —y asociar su nombre al de *instagrammers*, *booktubers*, *tiktokers* o *influencers*, a quienes las editoriales publican ya sin sonrojarse y en ocasiones entregan, incluso, premios literarios—, un esfuerzo por promover la lectura entre los más jóvenes. Ninguno de estos argumentos parece del todo convincente, sin embargo.

Por una parte, porque la compra de libros por su potencial decorativo —además de para adquirir el respeto y el capital simbólico que los que no tienen el hábito de la lectura otorgan a los que sí lo tienen— no supone ningún apego por los libros excepto en su aspecto material. Y por otra, porque todos esos carteles, las camisetas —Haruki Murakami acaba de colaborar con Uniqlo en la creación de unas inspiradas en sus libros, por ejemplo—, las tazas con portadas de libros y los calcetines con citas que algunas personas compran no rescatan a la literatura de su supuesta obsolescencia, sino que la ratifican, ya que circulan como —principalmente— una nostalgia, antigüedades de nuevo cuño de una civilización desaparecida.

No es fácil minimizar la importancia que tiene para todo esto la defección de la crítica literaria en particular y del pensamiento crítico en general; su resultado, como puede verse, es la desaparición —en la mente de los lectores potenciales, en especial los más jóvenes— de una literatura que en su día no era solo su aspecto, que también tenía un contenido y contribuía a la búsqueda de sentido e identidad en un mundo que no era tan fácil de entender, pero tampoco imposible de comprender. Ese tipo de libros que, según escribió Gracq, «nos queman las manos y que sembramos como por arte de magia; los hemos vuelto a comprar media docena de veces y siempre nos alegramos de que no nos los devuelvan».

§

Quizá la *bookishness* sea el único acercamiento a la literatura que pueden permitirse aún los miembros de una sociedad exhausta cuyas dificultades para concebir un futuro que no sea distópico —y, en no menor medida, contribuir a su realización— son más que evidentes. Como atestiguan decenas de libreros, en los últimos años han sido muchos los clientes que, para transformar una habitación de su casa en un puesto remoto de trabajo, les han pedido libros por metros o por colores, en rústica o con un aspecto más informal, según el tipo de imagen de sí mismos que desearan proyectar en sus videoconferencias y *zooms*.

Una editora *independiente* española se quejaba en privado algunos meses atrás de que un número importante de los pedidos que recibe en su tienda en línea no son de los títulos que publica —la mayoría de ellos excelentes—, sino de los carteles y postales que ha creado para promocionarlos, que sus clientes parecen preferir a los libros. Y hace tiempo que las grandes editoriales orientan su producción a las condiciones de promoción y comercialización de los entornos digitales —por ejemplo, simplificando sus cubiertas y reduciendo el número de elementos visuales para hacerlas más atractivas, no en las mesas de novedades, sino en las ventanas de librerías electrónicas tipo Amazon—, procurando crear productos que sean, en primer y casi único lugar, visualmente atractivos: presionadas por la necesidad de un retorno de la inversión inmediato para sostener estructuras desproporcionadas en relación con el consumo real de literatura, estas grandes editoriales —que, como decía arriba, son causa y consecuencia de la progresiva devaluación de la literatura, víctimas y victimarios al mismo tiempo de ella como casi todos nosotros— apuestan deliberadamente por la cursilería y la rentabilidad de la «adicción al libro».[23]

---

[23] Para Carrie V. Mullins, «los consumidores disponen de un poder absoluto y pernicioso. […] Esto es algo triste, y todos estaremos mucho peor si sólo podemos escuchar las historias de las personas que pueden permitirse el lujo de escribir». Por su parte, Nicholas Weinstock, miembro del consejo del Authors Guild estadounidense (véase arriba), afirmó: «Reducir el incentivo monetario para los posibles autores de libros […] significa que habrá menos para que lean las generaciones futuras: menos voces, menos historias, menos representación del tipo de expresión humana que es más profunda y requiere un mayor esfuerzo intelectual que el atracón de series de Netflix o Amazon más

Sin embargo, la Galaxia Gutenberg no parece haber perdido del todo su atractivo para algunos. O, como sugiere el ensayista inglés Simon Reynolds en *Retromania,* puede que haya adquirido uno nuevo, el de las cosas cuya existencia aparentemente ha terminado, como la inventiva y la extraordinaria energía que tuvo en su día la música pop, de la que solo quedan la nostalgia y el consumo. Los propietarios de Zoom no parecen ser ajenos a todo esto, ni —por supuesto— a las demandas de sus usuarios: la plataforma ya ofrece varios fondos virtuales que representan una estantería llena de libros. Parafraseando a Reynolds, quizá la Galaxia Gutenberg no termine con un sonoro «bang», sino con su transformación en *posts* promocionales y consejos para el diseño de interiores.

§

Los libros falsos y otros fenómenos de lo que podríamos llamar una nueva *pornografía del libro* —en la medida en que consiste en la simulación de una práctica,

---

cercano o el *gif* en tu teléfono, pero también recompensa más». (Véase Mullins en la bibliografía.)

no en la práctica real del antiguo arte de leer— son el resultado pero también la causa de la autoridad que algunos otorgan a la *customer review* en las plataformas de comercio electrónico, todos esos juicios singularísimos y parciales que anticipan la discusión sobre los libros y la sociedad que nos espera si continuamos sin apostar por la conformación de ámbitos de irradiación para el pensamiento crítico.[24]

---

[24] Más libros, de peor calidad, juzgados a menudo por lectores escasamente capacitados o indulgentes, que duran poco en librerías y, en general, son desestimados por un público que sigue consultando las muy dudosas listas de *los más vendidos* bajo el precepto erróneo de que algo es bueno si muchas personas lo han comprado antes; una disminución del número y la cuantía percibida por los trabajos *alimenticios* del escritor que, como en el caso de los críticos, impide que este se profesionalice —excepto que sus libros vendan cifras por encima de los cinco dígitos, escriba para las plataformas audiovisuales, disfrute del tipo de contratos que durante décadas han estado lastrando a ciertos medios de prensa o sea abundantemente traducido, algo, en general, poco frecuente—; un Estado que no parece creer necesario arbitrar en un negocio que no comprende y unas instituciones culturales personalistas y carentes de proyectos de relevancia; una pérdida diaria de librerías y unos autores escasamente interesados en comprender la naturaleza del negocio del que participan.

En julio de 2017, por ejemplo, un comprador de la edición americana de *Matar a un ruiseñor* admitía que no había leído el libro, pero que de todos modos le daba una sola estrella porque no le gustaba cómo estaban guillotinadas las páginas de su ejemplar. En mayo de ese mismo año, otra persona se limitó a afirmar que «Atticus Finch es un chiflado racista y ya es hora de bajarlo de su pedestal».[25] Un año antes, otro se quejaba de que había «demasiados personajes en las primeras páginas» y que no quedaba claro quién era quién. Para otro, era «el libro más aburrido del mundo». Uno más, por el contrario, y también sin ninguna fundamentación, dejaba el siguiente comentario: «Es un libro bonito, me ha gustado bastante».[26]

---

[25] En lo que seguía, por cierto, una de las tendencias observadas recientemente por Alexandre Gefen en *L'Idée de Littérature:* la denuncia de la violencia racial en el marco de una repolitización de la literatura que —agreguemos— concibe a esta última como expresión directa de las ideas de su autor o le otorga la moralidad de sus personajes.

[26] Gracq afirmaba, con razón, que «sólo una pequeña parte del público que habla de literatura hoy en día sabe realmente de ella». Pero, lejos de culpar al resto, o de ridiculizar a quienes, por ejemplo, son incapaces de establecer una distinción básica entre escritor y narrador —como demuestran las acusaciones de pederastia contra Vladimir Nabokov a raíz de *Lolita*—, tal vez sea más útil reconocer la responsabilidad que tanto las instituciones educativas como la industria editorial —y, en no menor medida, la de quienes hemos sido formados específicamente para escribir sobre libros y literatura— tienen, por su desasistencia y su defección, en la formación de juicios como los anteriores.

§

La deserción de la crítica literaria ha ido acompañada en los últimos años de la reducción del número de sitios en los que se publica, sobre todo en español. En el número de julio y agosto de 2012 de *Cuadernos Hispanoamericanos*, un anuncio de la Asociación de Revistas Culturales de España (ARCE) reseñaba ciento diez publicaciones, muchas de ellas dedicadas exclusivamente a los libros y la literatura; poco menos de una década después, en el catálogo de esta organización correspondiente a los años 2020 y 2021, las revistas son solo cincuenta y cinco, la mitad.

Naturalmente, este descenso en el número de publicaciones y en el de las páginas de los suplementos y revistas culturales de la prensa generalista se ha visto compensado en parte por la aparición de medios especializados en línea y una mayor accesibilidad de las publicaciones extranjeras, así como por plataformas del tipo de *Substack*, que ofrecen a los clientes la posibilidad de acceder a contenidos de pago prácticamente personalizados. El problema de estos nuevos medios, sin embargo, es que no parecen estar en condiciones de —o querer— pagar a sus colaboradores lo que estos necesitan para ejercer profesionalmente la crítica literaria: sin acceso a la profesionalización, el crítico —por un lado— no puede leer todo lo que debería, y —por otro— depende por completo de satisfacer las expectativas de su público —que sus empleadores miden en número de clics, retuits o interacciones— y de la industria editorial, a la que el crítico en ciernes debe seducir mediante reseñas entusiastas y la aceptación acrítica y absoluta de sus estrategias comerciales para tener la impresión de estar sentado en la gran mesa —completamente imaginaria, por cierto— de la literatura y la crítica.

De acuerdo con la plataforma especializada ShowMB, los principales *«influencers* [españoles] del libro» *(sic)* son solo cinco. Y el modo en que se presentan constituye un indicador extraordinariamente preciso del contenido de su actividad. «Mis aficiones son la fotografía artística y la lectura. Juntos crean la combinación perfecta para conocer la magia de los libros», resume uno de ellos. Otro dice: «Me gusta sumergirme en cientos de proyectos de diversa índole y terminarlos todos con éxito». «Soy amante de la moda y de los viajes», «Lectora desde hace muchos años», «Soy una chica que ama los productos de moda y belleza y le gusta inspirar a otras chicas a través de ropa y recomendaciones diarias», se describen otros. Hay más. Ninguno de ellos procede de la crítica profesional ni puede demostrar que haya estudiado literatura en ningún sitio, pero su interés por ella es conmovedor y tal vez sea genuino, de alguna manera. Nada nos impide pensar que son los mejores en su campo, y, en realidad, un recorrido algo apresurado por las redes sociales permite comprobar que es muy posible que así sea.

Pese a ello, es evidente que el hecho de que las editoriales orienten cada vez más la producción a sus preferencias —y, por influencia directa, a las de su público— es desastroso tanto para la ficción contemporánea como para la comprensión de los libros relevantes del pasado de la literatura, ninguno de los cuales tiene sentido cuando se lee con esta nueva *sensibilidad*. «No veo por qué tengo que leer nada acerca de los problemas de la gente blanca», le dice un alumno a la narradora de *El amigo*, de Sigrid Nunez, anunciándole que no leerá *Moby Dick*. Desde su *sensibilidad* esto es perfectamente adecuado y más que razonable.

§

Dada la situación, tal vez no sea del todo justo pedir a la crítica literaria en español algo más que opiniones breves a título personal sobre rasgos superficiales de los textos, apresuradamente consignados y *ad hominem*, ya que, como escribió Ezra Pound, «es fácil descubrir al mal crítico cuando empieza comentando al poeta en lugar de comentar el poema». Una crítica carente de esa «tensión permanente» que Terry Eagleton consideraba su esencia, a la que nunca debería renunciar si no quiere perder toda legitimidad, y que, pese a todo, tiene en español todavía algunas decenas de excelentes críticos y críticas, cuya actividad disimula a menudo algunas de las tendencias apuntadas en estas páginas —y justifica mi convicción de que es posible otro tipo de crítica literaria, una mejor y más consistente en su resistencia a la idea de que el mercado es la única instancia de producción de realidad en literatura y la que determina absolutamente, con sus ventas, el valor de las obras literarias— y a los que prestan una importante atención todos esos lectores de calidad, responsables de ciertos festivales, traductores, pequeños editores —algunos de los cuales, por otra parte, conciben acertadamente su actividad como una tarea política—, gestores y programadores culturales y escritores y escritoras que son el patrimonio más importante que tiene el sistema literario en español; además de los textos, por supuesto.

§

Noël Coward sostuvo que los críticos nunca le molestaban, excepto cuando tenían razón; pero eso, decía, «no ocurre muy a menudo». Y Friedrich Nicolai, recuerda Marcel Reich-Ranicki en su *Sobre la crítica literaria*,[27] afirmaba que «uno se ve obligado a dudar de

---

[27] Para Reich-Ranicki es necesario dejar atrás la famosa distinción entre «crítica destructiva» y «crítica constructiva» que propuso Johann Wolfgang von Goethe en 1821 —y se centra en la relación, mediada por el texto, entre el crítico y el autor— para ir hacia una crítica literaria en la que lo determinante es lo que esta dice al público: él mismo hizo de esta afirmación un dogma de fe. Nacido en Włocławek, Polonia, en 1920, Reich-Ranicki, quien llegó a ser conocido como «el Papa de la literatura alemana», promovió esa literatura primero con su apoyo decidido al Gruppe 47, más tarde desde su puesto de editor de las páginas literarias del *Frankfurter Allgemeine Zeitung* y finalmente en el muy popular programa televisivo *El cuarteto literario*. Murió en Fráncfort del Meno en 2013.

si su exceso de indulgencia es fruto de la parcialidad o producto de la ignorancia», pero es posible que ambas cosas sean la misma y que, en cualquier caso, salvo excepciones —tan escasas como valiosas por esa escasez— su resultado sea el mismo siempre: la visión de lo literario como un ámbito en cierto modo «superior» y separado de otras prácticas artísticas tanto como de la cotidianidad de las personas, la ilusión de la superioridad moral de los autores, la adhesión incondicional a las estrategias de mercadotecnia de ciertas editoriales, la aceleración, la inflación de lo nuevo y su integración forzada en lo viejo.

§

Y sin embargo —y, nuevamente, pese a todo—, algunos escritores, entre los que me incluyo, leen las reseñas de sus libros y de los de otros, y no siempre lo hacen a la espera del «elogio irrestricto» que exigía Steinbeck, sino con la expectativa de que su obra —y, en particular, los rincones más oscuros de la misma, de los que a menudo el autor solo es consciente a medias, o ignora por completo—, le sean devueltos iluminados y enriquecidos por la lucidez de la mirada del crítico que no ha desistido aún de hacer su trabajo.

Digámoslo: la crítica literaria es un acto de amor, si no por el libro criticado, sí por una idea de lo que ese libro podría haber sido y lo que su incorporación al repertorio literario exige de él, de su autor, de sus lectores. Y en ese sentido, constituye un servicio que el crítico presta al autor, una forma de colaboración sin la cual el mundo, pero también la obra literaria, serían más pobres: decenas de carreras literarias interrumpidas por un exceso de entusiasmo por parte del crítico —un fenómeno especialmente visible en el panorama literario contemporáneo en español— reflejan esto, la clase de laxitud que abruma a los escritores cuando superan las primeras reticencias y comienzan a redactar sus cenotafios, un libro a la vez.

En un ensayo publicado por la revista *Otra Parte* en septiembre de 2019, el investigador argentino Leandro Donozo escribió que «la crítica tiene que ser algo más que informar y emitir juicios. Un texto puede ser, con todas las comillas y salvedades del caso, una forma de trabajo, a medio camino entre el periodismo [...] y la literatura, pero con un peso propio, con algo que aportar en un sentido comparable a lo que puede ofrecer una [obra] nueva». Una —en palabras de Donozo— «herramienta de construcción artística y social» que trabaje contra el *bluff* que es una buena parte de lo que en la actualidad llamamos *literatura*.[28]

§

En otras palabras, se trata de devolver a los libros y al tipo de pensamiento crítico que los mejores de ellos propician su lugar como objeto último de la literatura. La crítica literaria tiene aún la oportunidad de convertirse en el caballo de Troya que es introducido tras los muros del mercado y la política para ofrecer una resis-

---

[28] Gracq observaba ya en 1950 una «notable pérdida de calidad» en la crítica literaria escrita en francés. «No sabemos si hay una crisis de la literatura, pero está claro que hay una crisis de los criterios literarios», afirmó. La crítica, escribió, «capituló de pronto ante la idea cegadora de una distancia en adelante sideral, insalvable, entre lo que llega al ojo y el cómo de un fenómeno, abdicó de pronto de sus últimos poderes de comprobación y control y se sobrepuso a ello, resignada ya a vivir en la fábula grisácea y cotidiana en que vive un animal doméstico, a tomar humildemente lo que se le ponga en la mano sin buscarle razones».

tencia consistente al monopolio del lenguaje por parte de ambas esferas. De ser una fabulosa caja de herramientas para hacer cosas con los textos que —al tiempo que demanda y propicia una literatura diferente— nos permita recuperar la soberanía sobre nosotros y las comunidades que conformamos. De resistir las formas más insistentes de la manipulación de nuestras ideas. De recordarnos —al fin— las enormes posibilidades que aún subyacen al viejo vínculo entre las palabras y el mundo.

§

Quizás esa literatura se parezca a lo que Damián Tabarovsky llama una literatura *antijerárquica,* es decir, una marginal en relación con el sistema literario, subalterna en la escala social y subversiva «por el riesgo social que conlleva». Tabarovsky describe a esa literatura —que él, creo que erróneamente y a modo de provocación, denomina *literatura de izquierda*— de la siguiente forma:

> Sospecha de toda convención, incluidas las propias. No busca inaugurar un nuevo paradigma, la idea misma de orden literario, cualquiera sea ese orden, le provoca rechazo. Es una literatura que escribe siempre pensando en el afuera, pero en un afuera que no es real […]. Está escrita por el escritor sin público, por el escritor que escribe para nadie, en nombre de nadie, sin otra red que el deseo loco de la novedad. Esa literatura no se dirige al público; se dirige al lenguaje. […] Apunta a la trama para narrar su descomposición, para poner el sentido en suspenso; apunta al lenguaje para perforarlo, para buscar ese afuera —el afuera del lenguaje— que nunca llega, que siempre se posterga.

§

Una literatura «antijerárquica» solo parece posible a condición de responder a la pregunta de cómo constituirse en mercancía editorial y, al mismo tiempo, no volverse propiedad del mercado ni internalizar sus reglas. Quienes respondan a esta pregunta de forma satisfactoria habrán dado un paso enorme en dirección a la conformación de una literatura cuyo valor no esté determinado por sus argumentos de venta ni por las simpatías y antipatías que suscite su autor, sino que deje en suspenso y ponga en cuestión el problema del valor de los textos.

Una literatura insurreccional en la línea de los colectivos que en los últimos tiempos han puesto en cuestión la connivencia de —y la profunda identificación que existe entre— el Estado y el mercado. Que rompa el pacto con el lector, que es la deriva en el ámbito literario del pacto social y económico de representación política de los ciudadanos por parte del Estado que nos ha conducido a las situaciones absurdas y contradictorias de los últimos años en suspenso. Que no asuma una actitud purista en torno al mercado —cosa que, por cierto, no es mi intención aquí—, sino que reivindique el gesto de producir textos como forma de intervenir en los asuntos públicos y acepte el hecho de que el tiempo requerido para la circulación y la discusión de nuevas ideas no es el mismo que el de la circulación de neveras o de coches. Que asuma que el mercado es el medio, pero nunca puede ser el fin último de la literatura. Que, como plantea Eric Schierloh en *La literatura aumentada,* no solo se haga con los medios de producción, sino que además rechace la lógica propia del sistema económico constituido en torno a la propiedad de esos medios. Que resista a la transformación del proceso de lectura en acumulación de hábitos de consumo, a la visión del lector como cliente y a la de las editoriales como proveedoras de contenidos cuyo valor está determinado por su consumo. Que rechace incluso las palabras *consumo* y *contenidos*. Que no justifique la transformación del escritor en objeto de consumo con la afirmación cínica de que todos lo hacen —ya que naturalmente, no todos lo hacen, o no lo hacen de la misma forma, y esto no se debería olvidar nunca— ni asuma las demandas de aceleración, inmediatez y ubicuidad que operan sobre la totalidad del sistema económico y nos conducen al desastre medioambiental y humano. Que conforme comunidades lectoras que, independientemente de su extensión, y como propone Zaid, estén abiertas a —y den cuenta a una escala reducida, verdaderamente humana, de— los debates que tienen lugar fuera de esa comunidad. Que se articule en su relación con la tradición literaria, la transforme y la trascienda. Que resista la demanda de linealidad y claridad que pesa sobre cierta literatura mediante procedimientos como, por ejemplo, el tipo de nota a pie de página que emborrona las jerarquías que se establecen entre centro y periferia, argumentación y excurso, continuidad e interrupción, producción y excedente, autoridades. Que aspire a erigirse en una *contralectura* —el término es de Francesco Pecoraro— de la situación, un ejercicio de resistencia ante una realidad descorazonadora, también la literaria. Que no olvide que el poeta estadounidense e. e. cummings definió la tarea de la literatura como la de «no ser nadie, salvo tú mismo, en un mundo que está haciendo lo mejor que tiene, noche y día, para convertirte en otra persona». Que de esa forma se convierta en la clase de literatura de la que no sabemos nada aún y por esa razón nos resulta especialmente fascinante.

Si te digo: «No, no pienses en un Conejo Blanco», no podrás evitar pensar en uno; la fuerza en absoluto despreciable del lenguaje no se ha agotado todavía, y la literatura en la que pienso aquí es una que se articula y se hace fuerte en ella y en su condición de acto, de puro lenguaje salvífico.

§

En la cuneta del desinterés social en la que yace actualmente, la crítica literaria —y quienes la leemos y en ocasiones la escribimos— tiene una razón para ser optimista: al menos ya sabe qué dirección haría bien en no seguir. Parafraseando a Joseph Roth, no se trata de «prolongar su vida, sino de evitar la muerte inminente» de una cultura intelectual y políticamente viva. Quiero creer que todavía estamos a tiempo de rectificar nuestros itinerarios y que otro tipo de crítica literaria es posible, si nos lo proponemos.[29]

---

[29] Parte de las ideas que pueden encontrarse en este pequeño libro fueron expuestas por primera vez en ensayos publicados por las revistas *Letras Libres*, *Cuadernos Hispanoamericanos* y *The European Review of Books* y la sección de Cultura del diario *El País*. Gracias

BIBLIOGRAFÍA

Business Wire. «Authors Guild Survey Shows Drastic 42 Percent Decline in Authors Earnings in Last Decade». *Business Wire,* 8 de enero de 2019. https://bwnews.pr/3vabrLN. Última consulta: 22 de febrero de 2022.

DONOZO, Leandro. «Encrucijadas de la crítica musical en la era de Internet y de Peter Capusotto». *Otra Parte,* 5 de septiembre de 2019. https://bit.ly/3K3cWjh. Última consulta: 22 de febrero de 2022.

ECHEVARRÍA, Ignacio. «¡Sostenibilidad!», *El Cultural,* 18 de febrero de 2022. https://bit.ly/3IYixqW. Última consulta: 22 de febrero de 2022.

Electric Literature. «24 Books You Can Read In Under An Hour». *Electric Literature,* 22 de mayo de 2015. https://bit.ly/3sRIjX1. Última consulta: 19 de febrero de 2022.

---

a sus editores, Daniel Gascón, Juan Malpartida, George Blaustein y Sander Pleij, Iker Seisdedos y Guillermo Altares, así como a sus primeros lectores. Gracias también a Iban Zaldua, Josep María Nadal Suau, Begoña Méndez, Adam Blumenthal, Fabio de la Flor, Álvaro Ceballos Viro y Giselle Etcheverry Walker, con quienes llevo discutiendo acerca de estos asuntos desde hace tiempo: si hay buenas ideas aquí, son suyas. Gracias, por último, a Pura Fernández y a Enrique Barba Gómez por hacer posible este libro tan deliberadamente reacio a las prisas.

Federación de Gremios de Editores de España. «Informe sobre el sector editorial español. Año 2019». https://bit.ly/3H2N5pt. Última consulta: 19 de febrero de 2022.

García Cívico, Jesús, Peydró, Eva, Pérez de Ziriza, Carlos y Valero, Ana. *Ficciones, las justas. La nueva moral en el cine, la música y la pornografía*. Valencia, Contrabando, 2022.

Gefen, Alexandre. *L'Idée de Littérature. De l'art pour l'art aux écritures d'intervention*. París, Corti, 2021.

Gracq, Julien. *La literatura como bluff*. Trad. de María Teresa Gallego Urrutia. Postfacio, cronología y biografía de Luis Prat Claros. Barcelona, Nortesur, 2009.

Hasin, Michael. «Gute Literaturkritik ist Gesellschaftskritik». *Perlentaucher*, 7 de agosto de 2015. https://bit.ly/3IeBcOC. Última consulta: 22 de febrero de 2022.

Mackay, Robin y Avanessian, Armen (eds.). *#Accelerate: The Accelerationist Reader*. Falmouth, Urbanomic, 2014.

Manguel, Alberto. «Polonio y la biblioteca». *Babelia*, 20 de abril de 2002. https://bit.ly/3I2TvXd. Última consulta: 19 de febrero de 2022.

Michel, Lincoln. «17 Brilliant Short Novels You Can Read in a Sitting». *Electric Literature*, 4 de septiembre de 2014. https://bit.ly/3s28cnG. Última consulta: 19 de febrero de 2022.

— «How Long Does It Take to Read Popular Books?». *Electric Literature*, 12 de septiembre de 2014. https://bit.ly/33xVJ1y. Última consulta: 19 de febrero de 2022.

Mullins, Carrie V. «The Disastrous Decline in Author Incomes Isn't Just Amazon's Fault». *Medium,* 11 de junio de 2019. https://bit.ly/3JJHXs1. Última consulta: 22 de febrero de 2022.

Nunez, Sigrid. *El amigo.* Trad. de Mercedes Cebrián. Barcelona, Anagrama, 2019.

Parini, Jay. *One Matchless Time: A Life of William Faulkner.* Nueva York, HarperCollins, 2005.

Pinget, Robert. *Señor sueño.* Trad. de Juan Díaz de Atauri. Madrid, Antonio Machado Libros, 2009.

Pressman, Jessica. *Bookishness: Loving Books in a Digital Age.* Nueva York, Columbia University Press, 2021.

Pron, Patricio. «Escritores urgidos de dinero». *Letras Libres,* noviembre de 2019. https://bit.ly/34QRlLO. Última consulta: 19 de febrero de 2022.

Rayner, Keith, Schotter, Elizabeth R., Masson, Michael E. J., Potter, Mary C. y Treiman, Rebecca. «So Much to Read, So Little Time: How Do We Read, and Can Speed Reading Help?». *Psychological Science in the Public Interest,* 14 de enero de 2016. http://bit.ly/2s0RV3w. Última consulta: 22 de febrero de 2022.

Reich-Ranicki, Marcel. *Sobre la crítica literaria.* Trad. de Juan de Sola. Epíl. de Ignacio Echevarría. Barcelona, Elba, 2014.

Reynolds, Simon. *Retromanía. La adicción del pop a su propio pasado.* Trad. de Teresa Arijón. Buenos Aires, Caja Negra, 2012.

Schierloh, Eric. *La escritura aumentada*. Buenos Aires, Eterna Cadencia, 2022.

Sellar, W. C. y Yeatman, R. J. *1066 And All That*. Ilustr. de John Reynolds. Nueva York, Book-of the-Month Club, 1998.

Steger Strong, Lynn. «A Dirty Secret: You Can Only Be a Writer if You Can Afford It». *The Guardian*, 27 de febrero de 2020. https://bit.ly/3h87T4u. Última consulta: 22 de febrero de 2022.

Sutz, Richard y Weverka, Peter. *Speed Reading For Dummies*. Hoboken, Nueva Jersey, Wiley Publishing, 2009.

Tabarovsky, Damián. *Literatura de izquierda*. Rosario, Beatriz Viterbo Editora, 2004.

Valdecantos, Antonio. *Misión del ágrafo*. Pról. de José Manuel Cuesta Abad. Segovia, La Uña Rota, 2016.

Virilio, Paul. *El cibermundo, la política de lo peor*. Trad. de Mónica Poole. Madrid, Cátedra. 1997.

— *Un paisaje de acontecimientos*. Trad. de Marcos Mayer. Buenos Aires, Paidós, 1999.

Zaid, Gabriel. *Los demasiados libros*. Barcelona, DeBolsillo, 2010.

Patricio Pron es autor de seis libros de relatos, entre los que se encuentran *El mundo sin las personas que lo afean y lo arruinan* (2010), *La vida interior de las plantas de interior* (2013), *Lo que está y no se usa nos fulminará* (2018) y *Trayéndolo todo de regreso a casa* (2021), una antología personal de los relatos escritos entre 1990 y 2020, así como de siete novelas, entre ellas, *El comienzo de la primavera* (2008, ganadora del Premio Jaén de Novela y distinguida por la Fundación José Manuel Lara como una de las cinco mejores obras publicadas en España ese año), *El espíritu de mis padres sigue subiendo en la lluvia* (2011), *Nosotros caminamos en sueños* (2014), *No derrames tus lágrimas por nadie que viva en estas calles* (2016) y *Mañana tendremos otros nombres* (2019, Premio Alfaguara); también de la novela para niños *Caminando bajo el mar, colgando del amplio cielo* (2017) y del ensayo *El libro tachado: Prácticas de la negación y del silencio en la crisis de la literatura* (2014). Su última novela es *La naturaleza secreta de las cosas en este mundo* (2023, Anagrama).

Día del Libro

*... Pero cuando el conejo cogió un reloj de su bolsillo
y lo miró, Alicia se levantó de un salto.
—¿Un conejo con un reloj? —se preguntó— ¿Y mirándolo?
Le persiguió por la pradera hasta contemplar cómo se metía
en una madriguera, en la cual también se introdujo Alicia,
sin pararse a pensar cómo podría salir de allí...*

www.ingramcontent.com/pod-product-compliance
Lightning Source LLC
Chambersburg PA
CBHW070322100426
42743CB00011B/2525